Nous voulons dédier ce livre aux enfants du monde entier.
Dites toujours la vérité car c'est la vérité qui rend libre.
Gardez votre conscience sera claire.

Bonjour Paul,
devine ce qui m'est
arrivé 10 minutes
avant que j'arrive
ici demand à Jean.
Paul répond:
Aucune idée Jean,
que s'est-il passé?

LE REBONDISSEMENT DES PETITS MENSONGES

ÉCRIT PAR
SIMION WRIGHT & SASHANA ANDERSON

ILLUSTRÉ PAR
MONIKA MARZEC

Jean déclare alors: Je courais vers la porte de ma chambre, quand soudainement j'ai frappé mon orteil et je me suis renversé dans les escaliers.Avant de répondre à Jean, Paul prend un temps de réflexion pour se demander si ce que Jean raconte est vrai ou faux?

Après avoir bien réfléchi, Paul dit:
Il n'y a aucune preuve que ce que
tu racontes est vrai Paul, laisse moi
regarder ton orteil et examiner un
peu le reste de ton corps pour voir
si tu as des égratignures. Tu sais que
ton visage raconte une histoire et
que ton corps en raconte une autre.

Paul dit alors à Jean: Jean, tu sais que tu es mon meilleur ami, et tu ne dois pas inventer des histoires pour attirer de l'attention.

Tu as raison, déclare Jean, avec un grand sourire. Il continue en disant: maman te fait confiance pour être mon ami parce que tu as une attitude model.

Dans toutes amitiés, on fait face à des mensonges et des vérités, mais c'est à nous de faire la différence.

Jean a dit à Paul d'une voix douce et humble: Si tu continues de mentir tes mensonges vont créer une atmosphère méfiante et des mauvais ressentiments entre nous.

Tu as raison, Paul, dit Jean. Jean dit: Je me souviens d'une histoire que mon grand-père a racontée à mon père quand il était petit garçon. Il s'agissait d'un cordonnier qui avait reçu une lettre pour fabriquer une paire de chaussure pour une vieille dame. Elle voyageait de la Jamaïque à Londres.
La vieille dame écrivit une lettre disant:

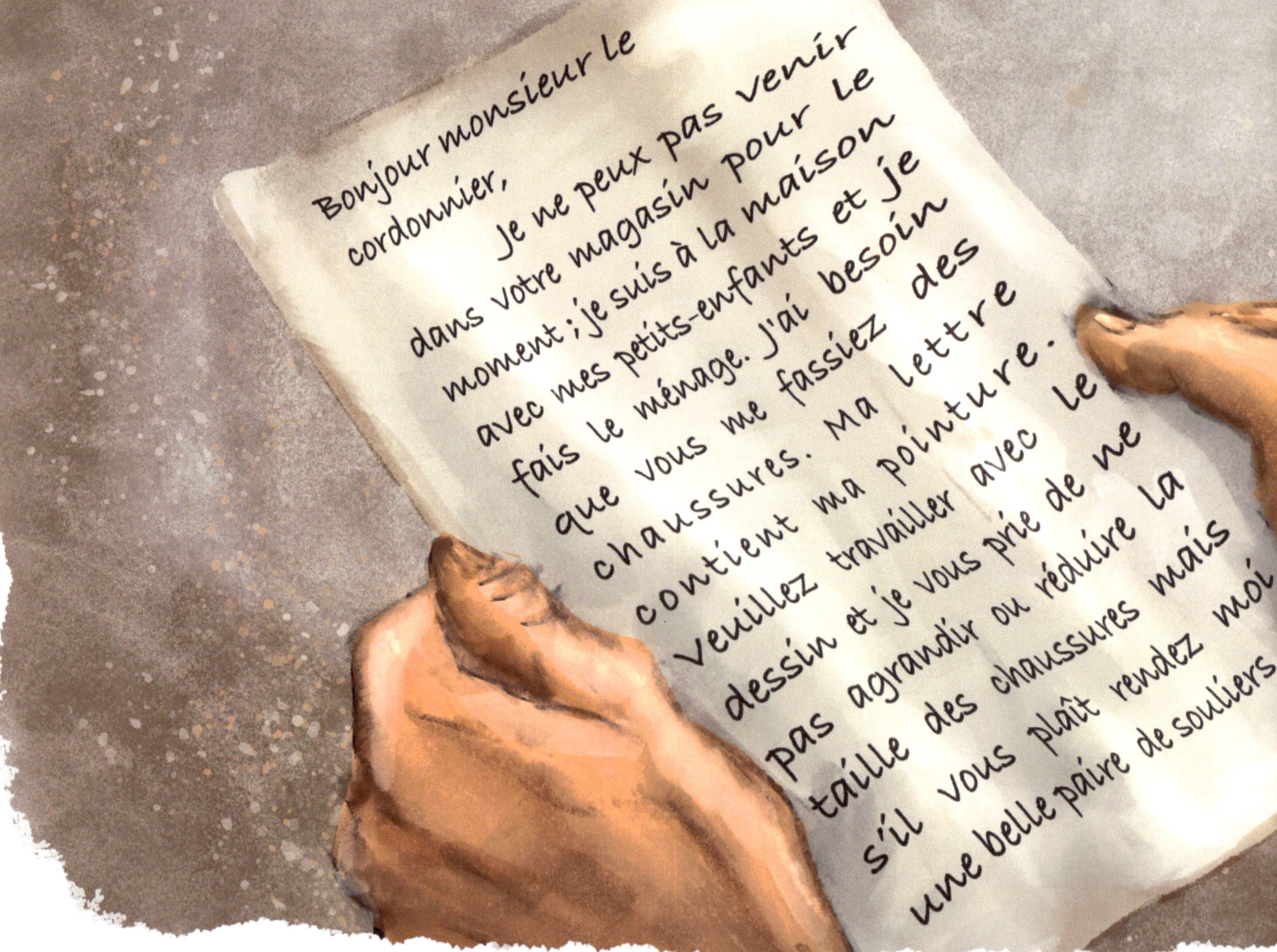

Alors, le cordonnier fit ce que la vieille dame lui
avait demandé.

Quand elle a reçu les chaussures, elle était si heureuse; mais quand elle a porté les chaussures, elle était si triste.

Dès qu'elle enlevait les chaussures de ses pieds et les tenaient dans ses mains, elle était à nouveau très heureuse.

Paul demande à Jean
quel est le sens de
cette histoire. Je ne
comprends toujours
pas.
Jean répond: Parfois,
la vérité est devant
vous, nous devons
simplement la croire
et la recevoir.
Cependant, nous
ignorons la vérité,
qui nous apporte
lumière et joie; celle
qui peut enlever nos
chagrins et guérir
notre douleur.

Paul dit: Je veux comprendre le mystère de l'histoire que tu m'as racontée, mais je ne comprends toujours pas. Paul dit alors à Jean: C'est toi le fautif ici.

Jean répond: Oui Paul, j'ai raconté des mensonges et j'avais tort. S'il te plait pardonne moi pour avoir essayé de te tromper. Je suis vraiment désolé et j'espère regagner ta confiance en tant qu'ami.

Jean, mon ami,
dit Paul. Je te
pardonne, je
t'aime et nous ne
sommes pas
parfaits. Allez,
allons jouer à
cache-cache.
Jean demande à
Paul s' il peut lui
dire la vraie
version de ce qui
lui est arrivé.

Paul répond: D'accord, dis-moi ce qui s'est vraiment passé.
Jean dit: J'étais dans le jardin et je sautais dans les escaliers autour du pont. Puis, je me suis frappé le pied, j'ai trébuché sur une brique dans le gazon, je suis tombé et je me suis écorché la jambe.
Je te crois, Jean! s'exclama Paul. Jean répondit: Super, merci Paul. Allons jouer maintenant. Nous pouvons continuer notre conversation sur la vieille dame et ses chaussures une prochaine fois, déclare Paul à Jean, alors qu'ils s'éloignaient tous les deux en souriant.
Jean répond: Oui avec plaisir.

Jean termine en disant: J'espère que les petits garçons et les petites filles du monde entier apprendront de notre histoire. Il faut à la fois pardonner et savoir demander pardon.

Il faut être courageux et toujours dire la vérité. Quelles que soient les situations auxquelles on fait face dans la vie, il faut demeurer honnête.

À PROPOS DES AUTEURS

Simon Wright

Simion Wright est né en Jamaïque et vit en Ontario.

Sashana Anderson

Sashana Anderson est née en Jamaïque et vit en Ontario.

9 781998 106035